AF358226

SOCIÉTÉ DES AUTEURS ET COMPOSITEURS DRAMATIQUES

DISCOURS

PRONONCÉ SUR LA TOMBE

D'ÉMILE AUGIER

PAR

M. FRANÇOIS COPPÉE

DE L'ACADÉMIE FRANÇAISE

28 OCTOBRE 1889

STANCES

DE

M. JEAN RICHEPIN

Dites par M. GOT

SUR LA SCÈNE DE LA COMÉDIE FRANÇAISE

LE MARDI SOIR 5 NOVEMBRE 1889

En couronnant le buste d'ÉMILE AUGIER

SOCIÉTÉ DES AUTEURS ET COMPOSITEURS DRAMATIQUES

DISCOURS

PRONONCÉ SUR LA TOMBE

D'ÉMILE AUGIER

PAR

M. FRANÇOIS COPPÉE

DE L'ACADÉMIE FRANÇAISE

28 OCTOBRE 1889

STANCES

DE

M. JEAN RICHEPIN

Dites par M. GOT

SUR LA SCÈNE DE LA COMÉDIE FRANÇAISE

LE MARDI SOIR 5 NOVEMBRE 1889

En couronnant le buste d'ÉMILE AUGIER

DISCOURS

DE

M. FRANÇOIS COPPÉE

———

Messieurs,

Il y a quelques années, à la fin d'un banquet offert à Victor Hugo, Émile Augier, que les écrivains français avaient choisi comme le plus digne de parler au nom de tous, terminait son toast à l'auguste poète par ce simple et admirable mot : « Au Père ! »

Au Père ! dirai-je à mon tour. Car, dans le groupe fraternel des auteurs dramatiques, dont je suis ici l'humble interprète, tous les cœurs sont pénétrés d'une douleur vraiment filiale.

Oui, à notre père, à notre maître, à notre chef, donnons les fleurs dont nos mains sont chargées, les larmes dont nos yeux sont pleins, et associons notre deuil de famille au grand deuil de la patrie.

Aujourd'hui la France est triste. Elle voit s'éteindre une des plus brillantes étoiles de son ciel intellectuel, et, tout en recueillant avec orgueil et piété l'héritage de chefs-d'œuvre que lui lègue Émile Augier, elle dit adieu à l'un de ses meilleurs fils.

Français! Il l'était par excellence, celui qui ressemblait au roi béarnais, dont il avait le rare sourire, tout ensemble fin et loyal. Français! Il l'était par toutes les vertus de notre race, esprit, bravoure, bonté. Français! Il l'était surtout par son probe et mâle génie.

Ce fut la nuit, en secret, à la lueur de quelque honteuse lanterne, que, le 17 février 1673, dans un coin perdu du cimetière Saint-Joseph, on enfouit le corps de Jean-Baptiste-Poquelin. Mais, invisible et présente, la muse de la France était là. Les temps sont meilleurs, sans doute, où peuvent se réunir autour du cercueil d'Émile Augier, parmi la pompe et les honneurs mérités, la reconnaissance des comédiens qui personnifièrent ses créations magistrales, la fierté de l'Académie française, dont sa présence fut si longtemps l'ornement, tant de douleurs, tant d'amitiés, tant d'admirations ! Mais il convient de prononcer, immédiatement après le nom de l'auteur du *Bourgeois gentilhomme*, celui de l'auteur du *Gendre de M. Poirier* et d'évoquer la figure voilée de la France devant la dépouille d'un poète qui a si hautement honoré l'esprit national et qui a servi avec tant de force et d'amour la raison, la justice et la vérité.

Vous n'attendez pas de moi, messieurs, que je retrace devant vous la carrière du maître que nous pleurons. Elle a été heureuse et glorieuse. Son temps fut juste pour lui. Depuis la *Ciguë*, pure œuvre d'art qui résume toute la grâce antique, comme une statuette sortie, intacte et exquise, des fouilles d'Olympie ou de Tanagra, depuis la *Ciguë* jusqu'à cet émouvant et robuste drame des *Fourchambault,* qui naguère encore secouait tous les cœurs, Émile Augier n'a compté que d'éclatants succès. Que, dans *Gabrielle,* qui est une comédie de haute moralité, il mît hardiment dans la bouche de personnages contemporains le ferme alexandrin du dix-septième

*

siècle ; que, dans l'*Aventurière*, il fît passer,
à travers ce même vers classique, le souffle
du lyrisme et de la fantaisie ; que, pris d'une
vertueuse indignation, il marquât, dans le
Mariage d'Olympe, la fille triomphante avec
le fer rouge de la satire ; qu'après un regard
épouvanté sur les progrès d'un luxe corrup-
teur, il dénonçât la courtisane mariée, la lionne
pauvre ; — toujours il nous faisait admirer
et applaudir des œuvres d'une composition
solide et harmonieuse, d'un intérêt poignant
et irrésistible, où l'action et le dialogue
courent de l'exposition au dénouement, dans
une seule et large coulée d'éloquence et de
verve, où les répliques se croisent et se
heurtent avec des chocs et des éclairs d'épées.
Œuvres parfaites. nourries de force comique,
où l'émotion et le rire jaillissent des entrailles
mêmes du sujet, de la logique des situations,
de l'humanité des caractères ; œuvres exem-
plaires, toujours inspirées par la morale la
plus hautaine et l'absolu mépris des préjugés.
et qui font reculer, comme devant un éblouis-
sant miroir, tous les mensonges et toutes les
hypocrisies.

Si succinct que soit l'éloge que je puisse
faire en ce moment du théâtre d'Émile Augier,

je commettrais cependant un impardonnable oubli si je n'en mesurais pas d'un regard la portée sociale.

Esprit sincèrement démocratique, fils d'une Révolution dont l'effort vers un idéal de justice doit faire oublier les excès, Émile Augier avait constaté, avec une tristesse amère, combien cette Révolution avait été incomplète dans ses conséquences et quelles inégalités elle avait laissées subsister entre les hommes. Aussi a-t-il mis le doigt sur la plaie de la société moderne en signalant, en attaquant, avec autant d'insistance que de générosité, l'inique et monstrueux pouvoir de l'argent.

Relisez d'un trait, à ce point de vue, les comédies d'Augier. Le type dont elles nous offrent le plus de variétés, celui que le satirique se plaît à poursuivre de ses traits les plus cruels, c'est le bourgeois plein d'or et de vanité, dont la sottise égale la mauvaise foi, c'est le parvenu sans scrupule, persuadé que la richesse tient lieu de mérite et d'honneur. Qu'il se nomme Charrier, Roussel, Maréchal, Guérin, Poirier même, ce personnage incarne et symbolise l'aristocratie de l'argent qui pèse sur le monde bien plus lourdement que la noblesse d'autrefois. C'est si bien là l'opinion du poète que, lorsqu'il met en scène des gentilshommes, il ne dissimule pas son indulgence. Certes, il condamne l'ancien régime, mais sa sympathie pour les vaincus est manifeste, et, tout en raillant leurs ridicules, il leur laisse toujours de la dignité ou du moins quelque grâce. Pour le parvenu, au contraire, il est impitoyable. Il semble deviner un péril prochain dans le scandale si fréquent des fortunes mal acquises, et, pour mieux éclairer cette redoutable question, il a jeté sur elle le jour puissant de l'antithèse. À côté de l'enrichi, du triomphateur indigne, il a montré son ennemi naturel, le déclassé, et il en a tracé un portrait impérissable. Giboyer, c'est l'homme pauvre et instruit, mourant de faim avec un diplôme dérisoire dans la poche de son habit râpé, c'est l'intelligence vassale du sac d'écus. Prenez garde à ce bohème! Le poète, généreux pour ceux qui souffrent, lui a laissé au cœur un grand sentiment, l'amour paternel. Mais combien de Giboyers n'y portent que de la révolte et de la haine? Prenez garde à ce bohème! Derrière les ironies effrontées de Figaro, gronde l'orage de 1793. Derrière le rire de forçat de Giboyer, n'entendez-vous pas les feux de peloton de la Commune? Ici l'auteur des *Effrontés* eut le

don de prophétie, fut vraiment le *vates* antique. Hélas! il y a toujours des riches égoïstes
et durs, il y a toujours des pauvres cyniques
et envieux. Le problème n'est pas résolu. Du
moins Augier l'a-t-il courageusement posé. Ce
sera son éternel honneur.

Ce théâtre excellent, qui contient tant de
profondes vérités, tant de salutaires enseigne-
ments, se recommande encore à notre admiration
par un don suprême qui lui assure la durée,
par la force et la beauté du style. Sobre, éner-
gique, concis, tout en muscles, le style d'Augier, surtout d'Augier prosateur, garde toujours,
sous ses vives couleurs, sous ses pittoresques
expressions puisées à la source mère, dans la
géniale langue du peuple, cette ferme syntaxe
à qui l'on peut appliquer le mot d'Ingres sur
le dessin, en disant qu'elle est la probité de
l'art. Celui qui a su donner à son verbe tant
de relief, d'originalité et de puissance peut
attendre en paix le verdict définitif de la pos-
térité; elle le placera parmi les classiques
français.

C'est sur ce mot, messieurs, que j'inclinerai
une dernière fois devant ce cercueil la douleur
de la Société des auteurs dramatiques.

Adieu, Maître! Nous te saluons devant le

grand mystère, que tu as aujourd'hui pénétré. Mais nous t'y voyons disparaître avec confiance, sûrs que nous sommes que tu entres à présent dans le séjour de gloire, de lumière et de certitude, où vont les justes, où vont les nobles cœurs et les grands esprits, — et au seuil duquel Molière, ton aïeul, te tend les bras.

François COPPÉE.

STANCES

DE

M. JEAN RICHEPIN

Dites par M. GOT

SUR LA SCÈNE DE LA COMÉDIE FRANÇAISE

LE MARDI SOIR 5 NOVEMBRE 1889

En couronnant le buste d'ÉMILE AUGIER

Salut !... Dans les lauriers, les palmes et le lierre
Voici ton franc visage et ton sourire altier.
Ta place était marquée au foyer de Molière.
Sa maison soit la tienne, à toi son héritier !

Comme lui, tu peignis l'humanité perverse
D'un style simple et fort, aux clartés de miroir,
Et le vin que ta Muse ou la sienne nous verse
Est du vieux vin français qui sent bien le terroir.

Donc, de la France en deuil accepte les hommages.
Ils te sont dus. Tu peux, couronné par ma main,
Passer sans peur au rang des augustes images,
Toi, notre ami d'hier, notre orgueil de demain.

Salut. maître au cœur droit, à la langue hardie !
Tu répétais souvent, pendant tes derniers jours :
« Quand j'irai mieux, je veux revoir la Comédie ».
T'y voilà dans ta gloire, ô maître, et pour toujours.

Toi que nous avons vu tant de fois sur ces planches
Travaillant, inquiet, t'y voilà radieux ;
Car tu vas resplendir parmi les ombres blanches
Qu'un marbre mérité transforme en demi-dieux.

Jean RICHEPIN.

PARIS. — IMPRIMERIE CHAIX, 20, RUE BERGÈRE. — 25566-11-9.